A LA MÉMOIRE

DE

M. CLOVIS-JOSEPH SORET

JUGE DE PAIX DU CANTON DE CREIL

Né à VERVINS (Aisne)

LE 1er JANVIER 1817

Décédé à CREIL (Oise)

LE 7 AVRIL 1888

SAINT-QUENTIN

Imprimerie Ch. POETTE, rue Croix-Belle-Porte, 21

—

1888

OBSÈQUES

DE

M. Clovis-Joseph SORET

Juge de Paix du Canton de Creil

A LA MÉMOIRE

DE

M. CLOVIS-JOSEPH SORET

JUGE DE PAIX DU CANTON DE CREIL

Né à VERVINS (Aisne)

LE 1er JANVIER 1817

Décédé à CREIL (Oise)

LE 7 AVRIL 1888

OBSÈQUES DE M. Clovis-Joseph SORET

JUGE DE PAIX DU CANTON DE CREIL

Le Mardi 10 Avril 1888 ont eu lieu, en l'Église de Creil, les Obsèques de M. SORET, Juge de Paix du Canton, dont cette Ville est le chef-lieu, en présence d'une assistance nombreuse et recueillie, dans laquelle on remarquait tous les Membres du Tribunal Civil et du Parquet de Senlis, le Capitaine de Gendarmerie, le Maire, le premier Adjoint et la plupart des Conseillers municipaux de Creil, les Notaires, les Huissiers, tous les Fonctionnaires, les Notabilités du Canton et la Brigade de Gendarmerie.

Les Sapeurs-Pompiers et les Gymnastes formaient la haie.

Les coins du drap mortuaire étaient tenus par MM. Barbier, Procureur de la République à Senlis; Duguet, Notaire à Creil et premier suppléant de la Justice de Paix; Le Brun, Maire de Creil et Conseiller d'arrondissement; Balézeaux, Notaire à Chantilly et deuxième suppléant de la

Justice de Paix; Vénot, Receveur municipal de la ville de Creil, et Durand, Receveur particulier des Contributions indirectes à Creil.

Après l'Absoute, donnée par M. l'Abbé Brulé, Curé de Boncourt, ami du défunt, le corps a été conduit au cimetière et provisoirement déposé dans le caveau de la Ville.

MM. Barbier, Duguet, Le Brun et Cazier ont, en des paroles émues, retracé l'existence de l'honorable et regretté défunt.

DISCOURS DE M. BARBIER

Procureur de la République à Senlis

Messieurs,

La nouvelle inattendue de la maladie de M. Soret et son fatal dénouement ont causé aux Membres du Tribunal de Senlis une profonde émotion. C'est que nous ne considérions pas seulement M. Soret comme un Magistrat distingué, comme un auxiliaire utile et dévoué; c'était pour nous un ami.

Je tiens à exprimer les regrets que nous éprouvons tous; je le ferai en mon nom personnel, au nom des Magistrats du Parquet qui avaient avec M. Soret des rapports de tous les jours, et aussi au nom de tous mes Collègues qui m'entourent, et dont je suis certain de traduire fidèlement les sentiments.

Permettez-moi donc de rappeler en quelques mots quelle a été la carrière de M. Soret; car ici les faits parlent d'eux-mêmes, et le meilleur éloge que l'on puisse faire de celui que nous regrettons, c'est une simple énumération des services qu'il a rendus à l'État pendant plus de cinquante et une années.

Clovis-Joseph Soret est né en 1817. Il appartenait à une famille où les sentiments d'honneur et de dévouement sont de tradition : M. Soret père, Officier de Douanes, est mort, victime du devoir, assassiné dans l'exercice de ses fonctions, laissant à son fils un nom honorable qui a été dignement porté.

M. Soret avait à peine vingt ans lorsqu'il fut nommé Secrétaire de la Sous-Préfecture de Vervins où il se fit remarquer par son intelligence, son zèle et son exactitude. Il remplit ces fonctions pendant de longues années, aimé et estimé de ses chefs et du public, aussi bien par les précieux services qu'il rendait, que pour la constante aménité de son caractère.

Au bout de trente ans, M. Soret avait droit à une pension de retraite; il avait mérité le repos, et c'est alors qu'il commença une nouvelle carrière.

Successivement Juge de Paix à Clary, au Nouvion-en-Thiérache, à Lury, et enfin à Creil, il fit preuve dans ces délicates fonctions des plus rares mérites. M. Soret avait le jugement sûr, et une connaissance approfondie des affaires; il était animé de cet esprit de conciliation qui est indispensable chez un Juge de Paix et qu'il réussissait souvent à communiquer aux justiciables; il possédait surtout les qualités de tact, de modération, d'impartialité et d'indépendance sans lesquelles il n'y a pas de bon Magistrat.

M. Soret rendait au Parquet de Senlis des services que nous savions apprécier : la confiance que nous avions en lui était absolue, et nous ressentons profondément la perte que nous venons de faire.

Le fonctionnaire studieux, le citoyen qui a servi son pays avec tant de dévouement pendant plus de cinquante ans ne pouvait être dans sa vie privée qu'un homme parfait. Le vide que M. Soret laisse dans sa maison où sa présence était nécessaire se fera toujours sentir ; puisse sa respectable veuve trouver quelque adoucissement à son immense douleur en entendant répéter : « Il a vécu en » homme de bien — il a été un Magistrat aimé et res- » pecté de tous »

DISCOURS DE M. DUGUET

Notaire, Suppléant du Juge de Paix du Canton de Creil

Messieurs,

La foule émue et reçueillie, venue de tous les points du Canton, qui se presse autour de ce cercueil pour dire un dernier adieu à M. Soret, témoigne de l'estime dont il jouissait et des regrets inspirés par sa mort si soudaine.

M. Soret est né à Vervins le 1er Janvier 1817. Pendant trente ans, il dirigea les bureaux de la Sous-Préfecture de Vervins ; en même temps, il remplit pendant quelques années les fonctions de Juge au Tribunal de Commerce de cette Ville.

Jeune encore, lorsqu'il prit sa retraite, il voulut mettre
au service de la Justice les connaissances qu'une longue
expérience des affaires et des études spéciales lui avaient
fait acquérir. Il fut nommé Juge de Paix à Clary, puis au
Nouvion, ensuite à Lury, et enfin en 1877, il était nommé
Juge de Paix à Creil; c'est là que la plupart de nous l'ont
connu.

Je ne vous apprendrai rien, Messieurs, en vous disant
que personne n'a exercé plus dignement et plus honora-
blement les fonctions de Juge de Paix; ses supérieurs hié-
rarchiques appréciaient hautement son mérite. Doué d'une
grande intelligence, d'un esprit droit et loyal. d'un caractère conciliant, il comprenait vite et facilement les affaires
les plus difficiles et les plus compliquées, les étudiait avec
un soin minutieux, et on pouvait être assuré que ses
décisions n'étaient rendues que quand il avait mûrement
réfléchi et apprécié dans sa conscience et son esprit
d'équité là où était le droit, là où était la justice.

Pendant son séjour à Creil il mit ses connaissances et
ses aptitudes au service de l'Administration. Il occupait
encore à sa mort, les fonctions de Président de la Com-
mission cantonale d'Hygiène; pendant plusieurs années il
avait été Délégué cantonal pour l'instruction primaire;
dans ces Assemblées ses conseils et ses avis ont toujours
été grandement appréciés par ses collègues.

L'aménité de son caractère, sa bienveillance lui avaient
concilié l'estime de la population du Canton, l'amitié de
tous ceux qui étaient les plus rapprochés de lui. Il était
heureux de ces sentiments que chacun lui témoignait, et
son séjour à Creil aurait été sans nuage s'il n'avait eu la
douleur de voir le précéder dans la tombe une petite fille
qu'il chérissait; il avait dû reporter son affection sur son
arrière-petite-fille qu'il a eu la dernière satisfaction de

voir et d'embrasser avant de rendre le dernier soupir.

Malgré son âge déjà avancé, il avait conservé une grande activité, une santé qui paraissait robuste, et nous espérions le posséder parmi nous pendant longtemps encore; une mort presque subite est venue l'enlever à l'affection de sa compagne si dévouée, de sa famille et de ses amis.

Puissent-ils trouver, dans l'expression de nos regrets et de notre sympathie, un adoucissement à leur douleur.

Adieu M. Soret ! votre souvenir restera parmi nous; au nom de tous vos amis, — adieu ! ·

DISCOURS DE M. LE BRUN

Conseiller d'Arrondissement, Maire de Creil

MESDAMES,

MESSIEURS,

S'il est une consolation pour atténuer la douleur de l'honorable famille qui pleure aujourd'hui son chef bien-aimé, n'est-ce pas l'unanimité des regrets que laisse parmi nous, dans la Ville de Creil et dans le Canton tout entier, l'intègre et bienveillant Magistrat que nous conduisons à sa dernière demeure.

Aussi, ce m'est un devoir de me faire, et comme Maire de la Ville de Creil et comme Conseiller d'arrondissement, l'interprète des sentiments de tous nos concitoyens en rendant un suprême hommage à l'homme de bien qui emporte dans la tombe l'estime et l'affection de chacun de nous.

D'un caractère toujours égal, M. Soret ne fût pas seulement un tendre mari et le plus dévoué des pères, il ne cessa également de faire preuve dans la vie publique de ces mêmes qualités qui le distinguaient dans l'intérieur de sa familles. Le brave homme perçait constamment sous la toge du Magistrat que vous avez tous connu loyal et correct, juste sans être jamais sévère, équitable pour tous, compatissant aux malheureux, et, alors même que la loi l'obligeait à se montrer inflexible, puisant toujours dans son bon cœur un adoucissement à la rigueur des jugements qu'il ne dépendait pas de lui de rendre moins rigoureux.

C'est ainsi qu'il nous a été donné maintes fois de l'entendre se plaindre de la dureté du Code pour la répression de délits, que sa conscience réprouvait assurément, mais que sa mansuétude et son inaltérable bonté auraient voulu pouvoir excuser.

Cette bienveillance extrême n'avait d'autre frein que les exigences du devoir, et M. Soret n'était certes pas homme à transiger avec le devoir, qui fut la règle de conduite de toute sa vie.

Entré dans l'Administration dès sa vingtième année, il remplit pendant trente ans, aussi bien à la satisfaction de ses supérieurs qu'à celle de ses subordonnés, les fonctions de Chef du Secrétariat de la Sous-Préfecture de Vervins, dans la ville même qui l'avait vu naître.

Admis à faire valoir ses droits à la retraite, M. Soret était trop jeune encore pour rester inactif, trop généreux toujours pour ne pas rechercher les occasions de rendre service à ses semblables.

Ce lui fut donc une récompense de ses loyaux services

en même temps qu'une faveur appréciée que d'être appelé à une Justice de Paix.

Il eut d'autant plus lieu de s'en féliciter qu'après quelques années passées hors de son département, il obtint d'être nommé au Nouvion, tout près de Vervins, dans cette belle et plantureuse vallée de la Thiérache, qu'il affectionnait particulièrement, qui était sa petite patrie, tout près des sources de l'Oise qu'il devait retrouver plus tard parmi nous, plus majestueuse après avoir comme lui semé les bienfaits sur son passage,

Et maintenant, Messieurs, que le brave et honnête homme n'est plus, maintenant qu'il ne pourra plus prêcher d'exemple, nous ne saurions mieux honorer sa mémoire qu'en perpétuant parmi nous le souvenir de ses vertus et en mettant en pratique la devise qui présida à tous les actes de sa vie : HONNEUR ET PATRIE, devise que son dévouement suffit à lui rendre toujours facile à appliquer.

Il nous l'expliquait lui-même, récemment encore, et ceux qui ont eu le plaisir d'applaudir son dernier discours à la fin du banquet de la Sainte-Barbe ne l'ont certainement pas oublié :

« Le dévouement, nous disait-il, s'inspire d'un sentiment noble et élevé. Ce sentiment a sa formule inscrite en lettres d'or dans les plis du drapeau de la France. Les mots qui y sont gravés ne sont-ils pas en effet : HONNEUR ET PATRIE !

» Oui, Messieurs, le sentiment de l'honneur est gravé dans nos cœurs. Il a toujours été l'apanage de l'esprit français. Nous avons toujours eu une idée très nette de ce qu'est l'honnêteté, de ce qu'elle condamne partout, et il suffit de parcourir notre histoire pour trouver toujours ce sentiment vivace et persistant. »

Sans même parcourir notre histoire, il aura suffi de dire

ce que fut la carrière si bien remplie de M. Soret pour y lire également à chaque étape cette même devise : HONNEUR ET PATRIE.

Et, s'il ne reste plus aujourd'hui qu'à l'inscrire sur son tombeau, qu'elle soit du moins, en même temps que l'éloge de sa vie, le guide de notre existence à tous.

Adieu! cher et bon Monsieur Soret! adieu!

DISCOURS DE M. CAZIER

Capitaine des Sapeurs-Pompiers de Creil

MESSIEURS,

Au nom de la Compagnie des Sapeurs-Pompiers de Creil et de la Société de Gymnastique, je viens saluer la dépouille mortelle de notre sympathique et regretté Juge de Paix, M. Soret.

Sa mort inattendue a été pour nous tous une grande peine, et nous avons considéré comme un devoir d'assister à ses obsèques.

Du Magistrat intègre et justement estimé je ne dirai rien, d'autres voix plus autorisées que la mienne vous ont dit ce que le Magistrat était.

Mais nous, Sapeurs-Pompiers et Gymnastes, qui avions toujours l'honneur de posséder M. Soret dans nos réunions, nous avons appris à l'estimer et à reconnaître ses vertus civiques et patriotiques.

Nous nous rappelons encore ses paroles empreintes du

langage le plus élevé et le plus choisi et tous nous écoutions avec cœur ses paroles de concorde et aussi d'espérance pour notre chère France.

Si la mort nous a enlevé M. Soret, nous avons le souvenir de ses excellents conseils et comme lui nous espérons et souhaitons voir notre pays tenir la place importante qui lui convient, et, je crois respecter sa mémoire et son désir en répétant sur sa tombe que nous conservons gravées dans nos cœurs les paroles éloquemment patriotiques et pleines d'espérance qu'il nous adressait.

C'est par l'exemple que les hommes se relèvent, c'est pourquoi il était du devoir de la Compagnie des Sapeurs-Pompiers et de la Société de Gymnastique de rendre hommage à ce digne et brave Magistrat qui savait si bien nous communiquer les sentiments élevés que tous nous étions heureux de ressentir.

Adieu, Monsieur Soret, si votre corps n'est plus, votre souvenir restera gravé au milieu de nous comme le symbole de l'honneur, du devoir accompli, du patriotisme convaincu et aussi de l'espérance.

C'est à ce titre que la Compagnie des Sapeurs-Pompiers et la Société de Gymnastique ont tenu à vous accompagner.

Adieu, Monsieur Soret.

M. le Sous-Préfet de Senlis a transmis à Madame Soret, les regrets du Conseil d'hygiène et de salubrité de l'arrondissement, dont M. Soret faisait partie, en lui adressant l'Extrait suivant du Procès-Verbal de la Séance du 26 Avril 1888 :

CONSEIL D'HYGIÈNE & DE SALUBRITÉ

DE L'ARRONDISSEMENT DE SENLIS

Extrait du Procès-Verbal de la Séance du 26 Avril 1888

M. le Sous-Préfet Fourcy, Président, exprime le regret de n'avoir pu assister aux obsèques de M. Soret, Juge de Paix de Creil, et Membre du Conseil. Il aurait voulu donner ce témoignage de sympathie à la famille et rendre hommage à la mémoire d'un homme que l'Administration avait en haute estime.

Cœur droit et généreux, esprit fin, M. Soret avait conquis la confiance et l'affection de ses collègues. Sa longue expérience des affaires en faisait l'homme nécessaire, dans les délicates questions où l'hygiène doit compter avec les exigences et les droits des tiers.

Sa mort est une grande perte, et M. le Président ne fait qu'aller au-devant de la pensée du Conseil, en appréciant ainsi les qualités du Défunt, et en chargeant le Secrétaire de faire connaître à Madame Soret les regrets de tous et la part qu'ils prennent à sa grande douleur.

Pour copie conforme :

Le Secrétaire,
LEFEBVRE DE LA FARGUE.

Le corps de M. Soret a été transporté le 21 Avril 1888, à Renansart (Aisne), pour être déposé dans un caveau de famille.

Saint-Quentin. — Imp. Ch. Poette.